AF359502

NOTES SUR SARCUS.

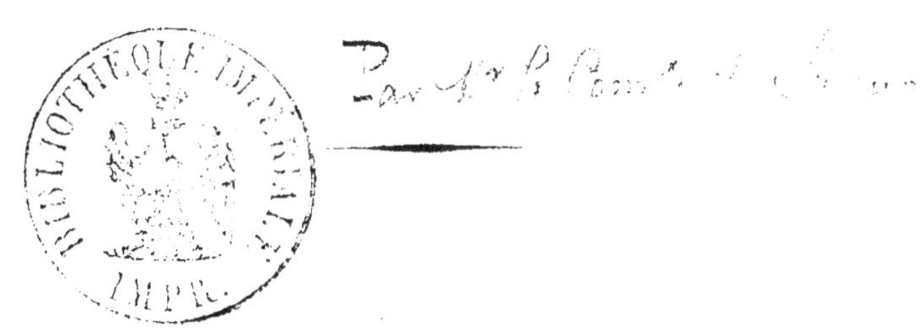

La Picardie, en 1525, lors du traité de paix entre François Ier et Charles-Quint, se composait de la Picardie propre, du Soissonnais, du Beauvaisis, du Senlisais et du Noyonnais.

Dans la carte du gouvernement de Picardie, publiée par Sanson, en 1651, *Cercu* est indiqué comme faisant partie de l'Amiénois.

Dans l'édition de la même carte, de 1667, il est écrit: *Sarcus*, mais au-dessous *Cercu* (1).

Dans la carte du même gouvernement donnée par Nolin, en 1694, *Cercus* est également désigné comme faisant partie de l'Amiénois, Haute Picardie.

(1) Sur la carte de l'archiaconé d'Amiens par le même Sanson, d'Abbeville, in folio, Paris, chez P. Mariette, gravée par R. Cordier, on lit: *Cercu* au haut et Sarcus au bas. (Note de M. Dusevel).

1

Depuis les cartes de Guillaume de Lille, 1712, et de Robert, 1755, le nom est constamment écrit : *Sarcus*.

Dans cette dernière carte, le bourg de Sarcus est désigné faisant partie des généralité , baillage, évêché et archidiaconé d'Amiens, doyenné de Poix, et ressort de Paris.

Sa situation est ainsi établie dans la *Statistique du canton de Grandvilliers*, par M. Graves, publiée en 1840: *Sarcus-le-Grand, Sercu, Cercu, Sarquiez,* en 1214, *Sarkus,* en 1250, *Saint Pierre de Sarcus,* en Picardie(1) sur la limite nord, entre Elencourt au nord-est, Sarnois à l'est, Haubos, Bronbos, Feuquières, Broquier, du canton de Formerie, au sud ; Moliens du même canton et Saint-Thibault, à l'ouest ; Agnières (Somme), au nord , grande commune dont le territoire très irrégulier a son prolongement enclavé, à l'ouest, dans le canton de Formerie. Sa section méridionale est un plateau, et donne naissance à des ravins qui descendent vers la vallée de la Somme. Le chef-lieu, à peu près central, est un bourg étendu, formé d'une longue rue sur la route royale du Tréport et d'un groupe d'habitations entourant la place de l'église et de l'ancien château.

L'armée du duc de Bourgogne campa le 29 juillet 1471 autour du bourg qu'elle ravagea ; elle y revint le 23 juin 1472 (2).

(1) S. Pierre est le patron de l'Église. Dans les anciens titres de la famille, le nom présente encore les variantes suivantes : *Sarkius, Sarkeus, Sarqueux, Sarquieuz, Sarcuz, Sarchius, Sercus, Cercu, Cercus,* etc.

(2) Lisez: Le duc de Bourgogne campa le 25 *juillet* hors le

La collégiale était composée d'un doyen et de six chanoines, quatre de la fondation primitive en 1525, et de deux en 1557, par François de Sarcus, évêque du Puy (1) (2).

Le Petit Sarcus est un hameau de vingt-quatre maisons, situé sur la limite du territoire tenant à Saint Thibault.

La cure dédiée à Saint-Pierre, était dans le patronage de l'évêque d'Amiens. Ce bénéfice est devenu une succursale qui comprend dans sa circonférence la commune d'Elencourt (3).

L'église placée près du château, a probablement pour

village de Sarcus (Fercus). (Additions à l'histoire de Louis XI, p. 369.) (Note de M. Dusevel).

(1) Il n'y avait plus qu'un chanoine, en 1695, à cause de la modicité du revenu. Les bénéficiers, dont deux seulement résidaient, étaient à la collection du Seigneur. Le chapitre avait son siège dans l'église paroissiale. On lui réunit, en 1681, la chapelle de Moliens, en Beauvaisis.

(2) Au village de Sarcus est une collégiale de 4 chanoines à la disposition du marquis de Brosses, seigneur du lieu : un seul réside à cause de la modicité du revenu. (Mémoire concernant la généralité d'Amiens, dressé par Bignon, intendant, année 1698, petit in folio. p, 179. V°.)

Celle de Sarcus (la collégiale) est de 4 chanoines, qui sont à la collection du seigneur du lieu. (Nouvelle Description de la France, par Piganiol de la Force. Paris 1753, in-12, tome 2, p. 38. (Note de M. Dusevel).

(3) Réunie, en 1825, à celle de Sarcus, elle en a été supprimée en 1832.

origine la chapelle fondée en 1208, par Pierre de Sarcus (1). C'est un édifice cruciforme, dont le chœur, polygone allongé, est éclairé par neuf fenêtres ogives géménées, à divisions obtuses, étroites, à têtes communes, ornées d'un treffle à colonnette et à boudin. Les transeps terminés en pignons, sont percés d'une fenêtre ogive, flamboyante, trépatite ; ils ont été bâtis en 1515 ; la nef, les latéraux sont modernes. Sous la nef et le chœur existent des caveaux où étaient déposés les corps des seigneurs de Sarcus ; à la révolution, leurs cercueils furent brisés pour en prendre les plombs.

Le moulin de Taillefer forme un écart sur la limite d'Agnières, à l'est du petit Sarcus.

Le hameau de Haillon ou Hayon, a été détaché, en 1834, du territoire de Briot et réuni à celui de Sarcus ; il comprend vingt maisons au sud du chef-lieu.

Le Walon, ou Valon, ancien fief et actuellement ferme, est situé à l'est, et très près du Haillon.

Le hameau de la Chaussée, détaché de Bronbos, est réuni maintenant à Feuquères.

On y trouve aussi quelques maisons d'Haleine, dont le reste dépend de Saint-Thibault.

Un dernier écart, *Grasse,* parce que le marquis de Grasse en a fait bâtir les premières maisons, est au sud-est de Sarcus, sur la chaussée de Saint-Maur. Il comprend quatorze feux.

(1) Située *au Vieux Sarcus,* appelé vulgairement *la Vieuville* ou *la Vieville.* Cette chapelle est dédiée à la Ste Vierge.

La route royale, n° 15, de Paris à Tréport, traverse le territoire de ce village.

Le cimetière est au sud-est du village, autour de la chapelle de la *Vieuville;* il est fermé de haies et de murs. On y voit une croix en pierre de Senlis, chargée de fleurs de lys et de rosaces dans le goût de la renaissance; les quatre évangélistes sculptés à sa base, sont représentés par l'ange, le lion, l'aigle et le bœuf. Détruite en 1793, elle fut rétablie scrupuleusement selon son ancienne architecture, aux frais et par les soins d'Amédée de Sarcus, et bénite le 31 octobre 1852, par N. Lefebvre, curé de Grandvilliers, à l'installation de N. Adde à la cure de Sarcus, sous l'administration de N. Le Viele, maire.

L'usage de laisser un pot d'eau bénite sur chaque tombe existe ici comme à Damérocourt.

Ce lieu a une foire, une compagnie de pompiers et une école primaire de jeunes filles.

La population très laborieuse, peigne de la laine, tisse des étoffes, confectionne des bas au métier.

Distance de Beauvais, 8 myriamètres, 1 kilomètre. Marché et bureau de poste : Grandvilliers. Population: 657; nombre de maisons, 194; revenus communaux, 564 francs.

Armes; Une croix ancrée, sceau de 1345 fonds de gaignières, vol. 773. pp. 28, 199).

SEIGNEURS DE SARCUS.

1° Geoffroy de Sarcus, premier du nom, chevalier, Sire de Sarcus. Il assista en 1149, à un accord passé entre les religieux des couvents de Saint-Pierre de Sélincourt et Sainte-Marie d'Hornoy, relativement à la possession de la dîme de Bézencourt.

En 1164 et 1166, il fit des donations à ce même monastère, et en 1170 à celui de Sélincourt.

Il eut de sa femme Élisabeth : Guy, Pierre 1er, Hugues, Geoffroy, Élisabeth et Agnès.

2° Pierre de Sarcus, premier du nom, chevalier, sire de Sarcus, fondateur en 1208, d'une chapellenie au vieux Sarcus, autrement dit la Vieuville, et la dota de la dîme de son domaine, tant au territoire de Sarcus qu'en ceux d'*oirsummesnil* et de *huhegnies* (1).

Il accompagna l'année suivante Philippe de Dreux, évêque de Beauvais, petit fils du Louis-le-Gros, à la croisade contre les Albigeois ; il était de retour en 1212 ; mais cette guerre s'étant prolongée, il fit partie d'un nouveau renfort de croisés qui allèrent rejoindre Simon de Monfort.

Au moment de partir, il fit une donation à l'église de Beaupré.

Il laissa deux fils : Pierre II et Hugues.

3° Pierre de Sarcus, deuxième du nom, chevalier, sire de Sarcus. Une rixe ayant eu lieu entre les pâtres de l'abbaye de Foucarmont et ceux de la ville de Sarcus, il rendit une sentence arbitrale sur cette affaire en 1215.

C'est sans doute à lui qu'est due la fondation de places pour l'instruction de jeunes gentilshommes, qu'un Pierre de Sarcus fit à l'abbaye de Saint-Germer.

(1) L'acte de cette fondation est scellé de son sceau représentant une croix avec un lambel à 5 pendants brochant en chef.

Il vivait encore en 1217.

Il eut de sa femme Eustachie, entre autres enfants: Renaud 1er, Thibaud et Eudes.

4° Renaud de Sarcus, premier du nom, chevalier, sire de Sarcus. Il succéda à son père avant 1226 ; en 1245, il confirma, comme arbitre, le legs d'une rente faite à l'abbaye de Briostel, par Isabelle de Rieux, veuve de messire Robert de Molencourt, que Jean du Mont, neveu de cette dame, refusait de payer.

Il est cité parmi les bienfaiteurs de l'abbaye de Gerberoy en 1250.

Il eut deux fils : Pierre III et Jean.

5° Pierre de Sarcus, troisième du nom, chevalier, sire de Sarcus. Il confirma plusieurs donations faites aux religieux de Beaupré.

Il eut de Flandrine, sa femme : Renauld et Pierre IV.

6° Pierre de Sarcus, quatrième du nom, chevalier, sire de Sarcus et de Bergicourt. Il naquit vers le milieu du 13me siècle (1).

Il tenait la moitié de Sarcus en fief de Guillaume des Quesnes, escuyer, vicomte de Poix.

Il paraît dans une charte du 24 juin 1320, comme arbitre d'un différent qui existait entre Robert, comte de Dreux et de Braine et l'abbaye de Saint Valéry.

Il avait épousé, vers 1290, Jeanne des Quesnes, fille

Armes : De gueules au sautoir d'argent, cantonné de 4 merlettes du même (1).

(1) C'est ainsi que ces armes sont décrites dans un registre d'armes intitulé : Escossais, chapitre des nobles du Corbiois à bannière, fonds de Du Cange, fol. 167.

de Pierre, seigneur des Quesnes, vicomte de Poix et de Jeanne de Bray.

Ses enfants furent : Renauld II, Pierre IV, Marie et Jeanne.

7° Renaud de Sarcus, deuxième du nom, chevalier, seigneur de Sarcus (1). Il était, en 1335, chambellan du roi Philippe de Valois.

On ignore l'époque de sa mort.

Il laissa déux fils : Renauld III et Raoul.

8° Renaud de Sarcus, troisième du nom, chevalier, sire de Sarcus. Il fut bienfaiteur de l'abbaye de Saint-Germer, en 1380. Il paraît avoir vécu encore longtemps; car Renaud, son fils aîné, ne se qualifie dans les actes, seigneur de Sarcus, que depuis l'année 1410.

Il avait eu pour fils : Renaud IV, Hugues et Jean.

9° Renauld de Sarcus, quatrième du nom, chevalier Banneret, seigneur de Sarcus, écuyer, panetier et chambellan du duc de Bourgogne Philippe-le-Hardi.

Il reçut en Prusse l'ordre de chevalerie.

Il fut en 1394, 1395, 1396 à la croisade avec le comte de Nevers, contre le sultan Bajazet.

Il fut au siége de Saint-Riquier, en 1421, avec les hommes d'armes de sa compagnie au service du roi et du duc de Bourgogne.

Il reçut divers paiements, à différentes époques, tant pour ses voyages à Jérusalem et ses missions d'outremer

---

(1) La qualité de seigneur ne devient apparente dans les chartes qu'à partir de 1200.

et de Sainte-Katherine (1), qu'en considération de ses services de guerre.

Il avait épousé en 1398, Marguerite de Villiers de l'Isle Adam(2), fille de Pierre de Villiers, seigneur de l'Isle-Adam, grand maître de France, et de Marguerite de Vendôme.

10° Pierre de Sarcus, cinquième du nom, seigneur de Bergicourt, second fils de Pierre, quatrième du nom, seigneur de Sarcus et de Jeanne Des Quesnes.

Il se battit en champ clos, à Gisors, le 6 mai 1337, contre Jean Tyrel, seigneur de Poix, relativement au château de Fricamps (3).

Il avait épousé vers 1328 N., dame de Fricamps, près Poix, dont il avait eu, entre autres enfants : Pierre VI et Renauld.

11° Pierre de Sarcus, sixième du nom, chevalier Banneret, seigneur de Sarcus, de Fricamps et de Bergicourt.

Il fut appelé en 1374, avec monseigneur Jean de Crecœur, seigneur Des Quesnes, vicomte de Poix, et mon-

(1) Sainte Catherine, au mont Sinaï (Voyage de Volney.) t. ɪ, p. 324.

(2) Elle était tante de Jean de Villiers de l'isle Adam, maréchal de France, aïeul de Philippe de Villiers de l'isle Adam, grand-maître de l'ordre de St. Jean de Jérusalem, illustré par la défense de l'isle de Rhodes contre Soliman II, en 1522.

(3) La terre de Fricamps était du comté de Clermont, et le fief était tenu du roi à cause de Milly.

Jean de Fricamps, écuyer, issu de la branche cadette, était marié, en 1380, avec Jeanne de Clermont-Nesle *.

* Louise de Nesle, duchesse de Châteauroux, fut maîtresse de Louis XV.

2

seigneur d'Offignies, vicomte d'Aumale, seigneur de Boulainvilliers, chevaliers, à déposer sur la noblesse de Robert Bigant, écuyer, demeurant à Beauvais.

Ses enfants furent : Renauld II, Gérard, Rémonet, Ferrand et Guillaume.

12° Renauld de Sarcus, deuxième du nom, chevalier, seigneur de Sarcus et de Fricamps.

Comme plus proche parent habile à succéder, il recueillit les biens de Renauld IV.

Il mourut avant le 25 mai 1436, et fut enterré dans l'église des Célestins d'Amiens, à laquelle il avait fait une donation, le 23 juillet 1432, de tout ce qu'il possédait, soit en fief, soit en roture, en la ville et au terroir de Goyencourt.

Perrigne Gambard, sa veuve, fut inhumée deux ans après, auprès de son mari, ayant fait don à la même église (1), pour sa sépulture, d'un fief situé à Bouchoir.

Leurs enfants furent : Robert, Raoul, Jean et Raouline.

13° Robert de Sarcus, écuyer, seigneur de Sarcus.

Il épousa Bonne de Moy, fille de Jean de Moy et de Catherine de Lens.

Leurs enfants furent : François, David et Antoine.

14° François de Sarcus, chevalier, seigneur de Sarcus, de Biermont, de Ramécourt.

Il fut conseiller et chambellan des rois Louis XI et Charles VIII.

Il se fit distinguer dans les guerres d'Italie.

-----

(1) Cette nouvelle église des Célestins, terminée en 1401, fut démolie en 1614-1634 pour placer la citadelle d'Amiens.

Le roi lui accorda, en faveur des bons, grands et recommandables services qu'il avait rendus au feu roi, tant au fait de ses guerres qu'autrement, et qu'il lui rendait encore à lui-même, la continuation du marché de Sarcus et la création de deux foires.

Il avait épousé Marguerite de Pisseleu, fille de Jean de Pisseleu, chevalier, seigneur de Heilly, conseiller et chambellan du roi Louis XI, et de Marie de Hargicourt, et tante d'Anne de Pisseleu, duchesse d'Étampes.

Il mourut le 13 décembre 1490, laissant deux fils : Jean et Hutin.

15° Jean de Sarcus, chevalier, seigneur de Sarcus, de Ramécourt, de Mouy, de Vers, de Biermont, de Beaufort, de Songeons, de Feuquières, etc.

Il commença à porter les armes sous le règne de Charles VIII, qui le retint pour l'un des cent gentilshommes de son hôtel, le 20 avril 1495, charge qu'il remplissait encore en 1502, sous Louis XII.

Il fut conseiller et chambellan de ce monarque, capitaine de cent chevau-légers de ses ordonnances et des premiers gens de pied qui furent levés en Picardie. Panetier, puis conseiller, chambellan et maître d'hôtel de François Ier, chevalier de l'ordre du roi, premier maître-d'hôtel de la reine Éléonore d'Autriche ; capitaine de cinquante hommes d'armes des ordonnances, capitaine général de la légion de Picardie, gouverneur des villes et châteaux de Hesdin, Doullens, Rue et Crotoy.

Il se fit distinguer au siège de Hesdin, en 1511 et 1536 ;

défendit l'hérouenne en 1512 (1), fit lever le siége de Péronne en 1556 (2).

Il acquit la terre de Songeons en 1528, y fit établir dans la même année le franc-marché, qui fit abonner celui de Gerberoy.

Le roi lui engagea une partie du comté de Clermont.

Il épousa (3) : 1° Marguerite de Chabannes, sœur du

(1) Extrait de la 1re édition de l'Histoire génér. des grands-offic. de la couronne, tome II, p. 1481 B. On sait qu'après une défense admirable, cette place fut obligée de se rendre par suite de la bataille d'Enguinégale perdue par le seigneur de Pienne. (Louis de Halwin), gouverneur de Picardie.

(2) En mémoire et en actions de grâce de cet heureux événement, la ville fit faire une bannière que l'on portait processionnellement tous les ans, le 11 sept., et sur laquelle étaient représentés au fond ou au centre le siége de Péronne avec ses attaques et ses brèches, et autour les armoiries du roi, du dauphin, du duc de Vendôme, de la ville, de la Marck, et des seigneurs d'Humières, de Sarcus, d'Estourmel, de Saisseval et de Boulainvilliers *. La ville fit renouveler cette bannière en 1703, par un ouvrier brodeur.

(3) En 1512, selon une généalogie communiquée avec Boulainvilliers de Saint-Saire (vers 1744).

* Philippe de Boulainvilliers, comte de Dammartin, gouverneur de Péronne. Cette défense de Péronne fut un des événements les plus glorieux du règne de François Ier. Le siége de cette place poussé avec tant d'acharnement par les impériaux avait consterné Paris ; sa prise eût facilité les courses des ennemis jusqu'aux portes de la capitale. (Chronologie historique militaire, par Pinard, in-4°, 1762, t. ii, p. 288.

maréchal de la Palice et d'Antoinette de Chabannes, mariée le 8 novembre 1841 à Charles de Bourbon, prince de Carency, fille de Geoffroy de Chabannes, chevalier, seigneur de Charlus et de la Palice, conseiller et Chambellan du roi, capitaine-général des francs-archers, et de Charlotte de Prie (1). 2° Jeanne de Lattre, dame des Tombes, veuve du seigneur de Beauvoir, chevalier, par contrat passé à Compiègne, le 7 novembre 1531, en présence de la reine Éléonore d'Autriche.

Il n'eut point d'enfants de cette seconde femme. Ceux de la première furent : Adrien, François, Jean et Bonne.

Il mourut à Amiens le 5 décembre 1537, et le lendemain son corps fut porté en grande pompe à Sarcus où il avait fondé quatre places de chanoines qui furent augmentées de deux autres par son fils.

Ce fut Jean de Sarcus qui fit rebâtir avec tant de magnificence son château de Sarcus en 1523 (2).

6° François de Sarcus, comte de Vélay et de Brioude,

(1) Le père Anselme, Hist. des pairs de France, t. 5, p. 25.

(2) Il mérita de voir son nom cité dans la chanson populaire faite pour célébrer la levée du siége de Péronne :

> Péronne la jolye,
> Ville de grand renom,
> Las ! tu es bien gardée
> De gentils compagnons.
> Les capitaines y sont
> Qui font honneur en France,
> Sercus et Senneval *
> Dompmartin et Forenge, etc.

* Sarcus. — Saisseval. — Dammartin. — Philippe de Boulainvilliers. — De la Marc.

deveuu seigneur de Sarcus, de Songeons, de Milly, de Feuquières, etc., par la mort de son frère aîné mort garçon en Angleterre où il avait été chargé d'une mission particulière par le roi François Ier.

Il fut abbé de Blangy au diocèse de Boulogne, par bulle du pape Clément VII, datée de Rome, le 2 février 1526, (vieux style). Dix ans après il succéda à Antoine de Chabannes, son oncle, au siège du Puy en Vélay (1) (b).

Il comparut, en 1639, à la réformation de la coutume de Clermont, comme seigneur de Sarcus, du Rost et de Suzanneville, et à celle de Senlis, comme seigneur de Songeons.

Il était aumônier du roi Henri II.

Il mourut à Sarcus en 1557.

Armes : D'argent à la croix ancrée de sable.

17° Josse de Gourlay ou de Kourlay, seigneur de Sarcus, de Monsures et de Marines, capitaine d'Amiens, fils de Nicolas de Gourlay et de Marie Broullard, dame de Peudé lès Valery, sœur utérine du connétable Anne de Montmorency, d'une famille illustre d'Angleterre, qui vint se retirer au comté de Ponthieu, sous le règne de

(1) L'union du comté du Vélai au domaine épiscopal avait eu lieu en 1167. Les évêques du Puy avaient, comme les archevêques, le droit de porter le pallium *, et de plus celui de faire battre monnaie. Ils relevaient du Saint-Siége immédiatement. (Loire hist., par Touchard la Fosse, p. 38 et 48.) Ils étaient de droit comtes du Vélai et de Brioude.

* Le pallium était, dans les premiers siècles, le manteau d'honneur que le pape envoyait aux évêques des grands siéges.

Charles VI, en 1397, à la suite d'un différent que Hugues de Gourlay eut avec le comte de Derby.

Il épousa Bonne de Sarcus et n'en eut qu'une fille nommée Jeanne.

18° Adrien Tiercelin, premier du nom, seigneur de Sarcus, de Brosses et de Monsures, chambellan d'Henri II, sénéchal de Ponthieu, gouverneur de François Dauphin, mort en en 1536, conseiller du roi en ses conseils privés, capitaine des villes et châteaux de Bayeux, Argentan, Loches et Beaulieu, chevalier de l'ordre du roi.

Il épousa, étant veuf, Jeanne de Gourlay, dame de Sarcus.

Il mourut au château de Blois, en 1548.

19° Adrien Tiercelin, deuxième du nom, fils d'Adrien I, seigneur de Brosses et de Sarcus, etc., chevalier des ordres du roi (1), capitaine de cinquante hommes d'armes, gouverneur de Doullens et de Mouzon pour Mayenne, en 1562, lieutenant-général en Champagne, conseiller d'État.

Il se signala aux batailles de Dreux et de Montcontour, ainsi que dans d'autres occasions.

Il fut envoyé en ôtage en Angleterre, en 1560, et chargé à son retour, en 1562, de conduire Marie Stuart en Écosse, nouvellement veuve de François II.

Il fut député de la noblesse de Picardie, aux états de Blois, en 1588, et autres états dans le même temps.

(1) Un des premiers des deux ordres que fit Henri III, quand au commencement de son règne, il institua l'ordre du Saint-Esprit.

Il avait épousé Barbe-Rouault (*d*), fille de Thibault de Barbe-Rouault, gouverneur de Hesdin, et de Jeanne, dame de Saveuse, terre qui était échue de sa sœur, femme du Bellay, morte sans enfants.

Il mourut en 1593 et fut enterré à Mouzou, dans l'église de Notre-Dame.

20° Geoffroy Tiercelin, petit fils d'Adrien II, marquis de Brosses et de Sarcus, fils aîné de Charles Tiercelin, seigneur de Saveuse et de Marguerite d'Audenfort, fille de Jean d'Audenfort, seigneur de Grandvilliers.

Il fut le premier qui porta le titre de marquis de Brosses et de Sarcus.

Il fut cornette blanche de la cavalerie légère d'Henri IV, à 21 ans. Conseiller du roi Louis XIII aux conseils d'État privés; gentilhomme de la chambre, chevalier de l'ordre du roi; il servit au siége de La Rochelle et de Corbie, en 1628 et 1636.

Il fit hommage au roi, pour la chatellenie, terre et seigneurie de Brosses, en Touraine, en 1662.

Il épousa en première noce, Charlotte de Monçeaux-d'Auxi.

Il mourut le 15 janvier 1668.

21. Adrien-Pierre Tiercelin, fils de Geoffroy Tiercelin, marquis de Brosses et de Sarcus, au refus fait le 13 avril 1667, par son frère aîné, François, abbé de Saint-Germer, et protonotaire du Saint-Siège, mestre de camp d'un régiment d'infanterie. Il fut conseiller d'État, gentilhomme ordinaire de la chambre.

Il renouvela l'hommage de la chatellenie de Brosses, en 1665, et celui de la terre de Sarcus en la même année.

Il épousa, en 1646, Henriette-Charlotte de Joyeuse, fille de Gaspard de Joyeuse, seigneur de Monçeaux et de Jacqueline d'O.

Il mourut au commencement du 18e siècle.

22° Henri Tiercelin, chevalier, seigneur et marquis de Brosses et de Sarcus, seigneur de Houdenc en Bray, châtelain de Moliens, seigneur de Feuquières, de Belloy et autres lieux, fils d'Adrien-Pierre Tiercelin.

Il épousa, en 1678, Marie-Louise Tiercelin de Saveuse, sa cousine, issue de Germain, en présence du roi Louis XIV, de Philippe d'Orléans, d'une princesse de Mecklembourg et des personnes de la cour.

Il mourut le 26 juillet 1718.

Son corps fut déposé dans la chapelle de N.-D. de Liesse de l'église de Sarcus. La pierre tombale porte cette inscription : « Ici repose le corps de haut et puissant seigneur messire Henri de Tiercelin, chevalier, marquis de Brosses et de Sarcus, baron de Houdenc en Bray, chastelain de Moliens, seigneur de Feuquières, Belloy et autres lieux, décédé le 26 juillet 1718, âgé de soixante-onze ans ou environ, également regretté pour sa piété, sa probité et sa candeur, de ceux qui le connurent, et pour sa charité des pauvres de ce lieu et des lieux circonvoisins. »

Ses armes, écartelées au 2 et 3 d'azur, à trois brosses d'or, liées de gueules qui est de Brosses, ont deux anges pour tenants.

Une seconde pierre tumulaire est dans le chœur de la chapelle de la Vieuville. L'inscription et les armes sont les mêmes que celles ci-desssus, à l'exception du cœur qu'on désigne au lieu du corps.

23° Henri-François Tiercelin, marquis de Brosses et de Sarcus, colonel d'un régiment d'infanterie de son nom, fils unique de Henri Tiercelin.

Il épousa, en 1711, Marie-Anne Rouillé de Fontaine, dont il eut Marie-Angélique-Henriette.

Il mourut à Fribourg, en 1713 *(e)*.

24° Louis-Henri, marquis de Pons, comte de Verdun, fils de Renauld-Constant, marquis de Pons, baron de Thors et de Charlotte-Louise d'Hostun-Gadague.

Il épousa, le 1ᵉʳ septembre 1734, Marie-Angélique-Henriette, fille unique d'Henri-François Tiercelin de Brosses (1).

Il n'eut pas d'enfants.

25° François, marquis de Grasse, seigneur du marquisat de Sarcus, né le 28 janvier 1715, capitaine au régiment des gardes françaises, chevalier de St. Louis, maréchal de camp, fils d'Étienne de Grasse, seigneur de Limermont, capitaine au régiment de St. Vallier, et de Louise-Étiennette d'Halencourt de Droménil.

Il reçut par donation entre-vifs, acte du 13 juin 1763, la terre de Sarcus, composée de celle de Feuquières et des fiefs dépendants de la chatellenie de Moliens, des terres et seigneuries de Pleuville, Broquier, Haudicourt, Hescamp, Frettemolle en partie, Elencourt, St. Clair, des fiefs de Bronbos, du Bocquet et autres, de Marie-Angélique-Henriette Tiercelin, veuve de Louis-Henri de Pons.

(1) Elle succéda à son grand-père, son père, Henri-François, étant mort en 1713, tandis que son grand-père n'est mort qu'en 1718.

Il épousa, le 10 juillet 1765, Marie-Anne-Françoise, fille de Louis-Alexandre-Xavier le sénéchal, marquis de Carcado-Molac, vicomte du Gué de l'Isle, lieutenant-général des armées du roi et commandant de Basse-Alsace, et de dame Marie-Anne-Claude de Montmorency (1).

Ses enfants furent : Jacques-François, né en 1765, mort en 1770.

2' Berthrand-Louis-Agathe, né le 19 août 1772, mort sous-lieutenant aux gardes françaises.

5" Jacques - Pierre - François - Gabriel, né le 29 juin 1774, qui suit :

4' Corentin-Joseph-Louis, né le 24 septembre 1775, marié à Henriette-Gabrielle de Sade, mort le 23 avril 1813,

5' Innocente-Catherine-Gabrielle, née le 16 juin 1767, mariée en 1784 à N., personne de Songeons.

6ᵉ Antoinette-Rosalie-Françoise, née le 22 août 1769, mariée le 23 septembre 1788 : 1° à Anne-Joseph-Alexandre Desforges, vicomte de Caulières, 2' à N. Tripier de Sénerville, morte en 1810.

7° Louis-Vespasien-François-Augustin-César-Xavier, né le 20 mars 1810 à Marie-Josephine Bretel d'Hiermont, mort le 2 mars 1825.

Il se distingua à la bataille de Fontenoy, le 11 mai 1745.

Il acheta, en novembre 1780, la terre et seigneurie de Damérocourt de la famille de Lameth qui y succédait à la maison de St. Simon (2).

(1) Elle mourut au château de Sarcus et fut inhumée dans la chapelle de la Vieuville, le 16 juillet 1789.

(2) Étienne de Grasse oncle de l'amiral de Grasse, était fils

Il mourut à Sarcus, en 1794, et fut enterré dans le cimetière de la Vieuville.

26° Jacques-Pierre-François- Gabriel, marquis de Grasse et de Sarcus, né le 20 juin 1774, chevalier de Malthe en 1778 *(f)*.

Il vendit le château de Sarcus à N. Hanoque, ancien notaire à Feuquières, en 1833, qui le fit démolir l'année suivante.

Il épousa, le 7 mars 1849, N. Pommare dont il eut Pauline-Adèle-Gabrielle.

Le château de Sarcus, placé sur l'extrême frontière de la Picardie, du côté du Vexin normand (1), dut probablement son origine à la nécessité de l'opposer aux incursions des Normands, en dehors du territoire qui leur avait été assigné par Charles le Simple.

M. Houbigaut a observé, en 1833, quelques constructions souterraines antérieures à celles qui formaient la partie gothique de ce château ; ce qui prouve que le château gothique avait lui-même remplacé un château plus ancien que le temps ou la guerre aura détruit.

Le château de Sarcus présentait en 1833 trois époques d'architecture bien distinctes.

---

de Jean-Pierre-Charles de Grasse et d'Angélique Rouxel, fille du seigneur de Boisrouxel, de Grancey et de Médavi, maréchal de France; s'était fixé en Picardie, en 1708, après son mariage; il avait eu vingt enfants; deux seuls parvinrent à l'âge virile.

(1) A 6 kilom. de Grandvilliers, sur la route de Paris à la ville d'Eu, par Aumale.

Toute la partie extérieure, flanquée de quatre tours rondes, était évidemment de la fin du 12° au commencement du 15° siècle.

Le rez-de-chaussée de la partie intérieure qui formait la cour, était de cette architecture apportée d'Italie par les artistes que ramenèrent successivement de leurs expéditions au delà des Alpes, Charles VIII, Louis XII et François I", et qu'on désigne sous le nom d'architecture de la renaissance.

La date de 1523, inscrite sur la clé d'un des cintres d'une des arcades, indique d'ailleurs exactément à quelle époque cette portion du château fut élevée (1) *(g)*.

La chapelle construite entièrement à neuf en 1523, était ornée à l'extrémité d'un bas-relief représentant le père éternel coiffé de la tiare et entouré de figures d'anges. Ce bas-relief, presque de ronde bosse, était peint et doré dans la manière du temps, et sur une banderolle placée dans la portion inférieure on lisait : *Tota pulchra es, amica mea, et macula non est in te* (Cantiq., cap. 4, p. 17). Les clés des voûtes de cette chapelle étaient ornées de groupes de figures les plus variées et des ornements les plus riches et les plus délicats. M. Goze, dans un voyage qu'il a fait à Sarcus, en 1832, a dessiné le plus important de ces groupes, fesant pendentif au-dessus de l'autel. Il a dû être joint dans les entourages du texte de M. Taylor à une collection précieuse de douze médaillons,

(1) Cette arcade est une de celles conservées et relevées par M. Houbigaut, à Nogent-les-Vierges. (Voir les notes à la fin de l'ouvrage.)

grandeur nature et de forte saillie qui ornaient une frise entre le rez-de-chaussée et le premier étage, du côté de l'entrée des appartements.

La tradition et les recherches de M. Houbigaut permettent d'indiquer les noms des douze personnages représentés. Ce sont ceux : 1° Du roi François Ier en 1521, après la blessure qu'il reçut à la tête, à Romorantin, et qui l'avait obligé à se la faire raser. C'est après cette époque qu'il laissa pousser sa barbe.

2° Eléonore d'Autriche, seconde femme de François Ier.

3° François, dauphin, fils aîné de François Ier, né en 1517, mort en 1536.

4° Henri d'Orléans, depuis Henri II, second fils de François Ier.

5° Charles, duc d'Angoulême, depuis d'Orléans, troisième fils de François Ier.

6° Marguerite de Valois, sœur de François Ier.

7° Mlle d'Heilly, duchesse d'Étampes.

8° Jean de Sarcus, cap. général.

9° François de Sarcus, évêque.

10° Louise de Savoie, mère de François Ier.

11° Adrien Ier, Tiercelin de Brosses.

12° Jeanne de Gourlay, femme de Tiercelin de Brosses.

Il paraîtrait que ces médaillons auraient été laissés à faire, lors de la restauration de 1523, et qu'ils n'auraient été exécutés que plus tard, simultanément, sur place et par les mêmes mains ; mais copiés d'après des portraits peints et dessinés à des époques différentes.

On ne croit pas que la restauration du château de Sarcus, dans le style de la renaissance, ait jamais été complète ; elle paraît s'être arrêtée au rez-de-chaussée et à quelques portions du premier étage, dans la portion formant le fond de la cour, où existait la galerie. Ce n'en était pas moins, dans l'état où il fut sous Jean de Sarcus, un monument remarquable par la variété des ornements sculptés qui couvraient entièrement les vingt-deux arcades dont se composaient les trois côtés de la cour, par la richesse des peintures et des dorures qui ornaient les voûtes de ces portiques (1).

Ces dorures et ces peintures avaient été exécutées avec une telle solidité, qu'en 1834, époque de la destruction du château, les couleurs et les ors avaient encore un éclat que souvent nous ne retrouvons pas à des peintures exécutées de notre temps ; et cependant, ces peintures n'avaient été abritées que fort peu, les portiques ayant été laissés ouverts à l'instar de ceux d'Italie.

---

(1) De ces vingt-deux arcades, six étaient fermées, savoir : Les trois où étaient les croisées de la salle des festins et les trois où se trouvaient les croisées qui éclairaient la chapelle.

Ces arcades n'avaient pas toutes les mêmes diamètres ; les quatre qui fesaient face à la salle des gardes et aux arcades derrière lesquelles se trouvait le grand escalier n'avaient que 2^m50, tandis que celles en face avaient 3^m83 (Cambry donne à l'une d'elles 12 pieds sur 11. (8^m398 sur 573). Le petit escalier, dans l'épaisseur des murs de la tour, descendait dans les fossés. Un pont solide sur lequel on passait avait été construit et remplaçait l'inévitable pont levis des anciens châteaux. Il était difficile de savoir la disposition première et les limites de ces fossés, et comment le château, au milieu du seizième siècle, était à l'abri d'un coup de main, ce qui à cette époque était encore indispensable.

Quel était l'aspect du château, lorsqu'en 1763 il fut donné à François de Grasse? C'est ce qu'on ne saurait dire. Ce qui est certain, c'est que de nombreuses portions du château, du côté de la cour, étant en fort mauvais état, François de Grasse fit réparer tout le premier étage dans le goût de l'époque où il vivait, c'est-à-dire, dans le goût architectural de Louis XV. Ce qui produisit, avec les parties restées de la restauration de 1523, le disparate le plus singulier et le plus désagréable.

Existait-il antérieurement, dans la partie qui formait le fond de la cour, au-dessus des sept arcades qui décoraient cette portion de l'édifice, une galerie destinée à faire communiquer l'aile de la chapelle avec celle particulièrement destinée à l'habitation? C'est ce que les recherches de M. Houbigaut n'ont pu lui apprendre.

Le rez-de-chaussée était distribué, dans les derniers temps, en portique, cuisine, office, antichambre, salon, deux caves, fournil souterrain, chambre, cabinets et autres lieux.

Le premier étage se composait d'une salle à manger, d'une galerie de 32^m,484 millim. de longueur, toute de l'époque de Louis XV, occupant la façade du château, au bout de laquelle se trouvaient un grand salon, une chambre et son boudoir. Cette dernière chambre dominait la chapelle de manière à permettre d'en voir et d'en entendre les offices.

Le second étage formait un immense grenier. Dans une des tours du second étage, au sud, se trouvait une chambre appelée la chambre d'armes, parce qu'elle était toute lambrissée des écussons de la famille de Tiercelin.

D'autres chambres existaient, mais seulement dans les tours.

Le parc, d'une grande étendue, était clos de murs en brique avec grilles en fer.

Louis XIII logea au château de Sarcus le 16 août 1658. Louis XIV y vint aussi dans un de ses voyages dans les Pays-Bas (1).

En 1834, au moment où les derniers vestiges de ce château allaient disparaître, M. Houbigaut en a levé le plan que M. Taylor a reproduit dans les planches de son *Voyage pittoresque, monuments de la province de Pi-cardie.*

On voit par ce plan que la restauration ne fut qu'un placage dans le style de la renaissance sur un château go-thique qui, à l'extérieur, ne cessa pas d'avoir tous les ca-ractères des châteaux forts du moyen âge.

Tout ce qui a échappé à la destruction du château de Sarcus, une des merveilles architecturales de l'époque où il a été bâti, a été recueilli, en grande partie, par M. Hou-bigaut, qui a composé de ses restes une des façades de son habitation à Nogent-les-Vierges, près Creil, et mis dans son parc, au porche de la tour d'un rocher, une clé pen-dentif représentant le baptême du Seigneur par St. Jean et d'autres sculptures.

La nef de l'église de Nogent-les-Vierges lui doit aussi quelques sculptures provenant du même château.

M. Daudin a transporté dans ses jardins de Pouilly quelques arcades du rez-de-chaussée, relevées avec goût,

(1) Itinéraire du marquis d'Anbais, p. 129.

et dont l'effet, au milieu des arbres qui les entourent, est des plus pittoresques.

Le musée de Beauvais possède trois pierres sculptées qui formaient pendentifs ou culs-de-lampes dans la chapelle du château.

L'une de ces pierres représente des groupes d'anges portant des écussons chargés des insignes de la passion et de divers emblêmes religieux.

La seconde, la fuite en Égypte.

La troisième, l'adoration des mages.

Une pierre également sculptée en forme de cul-de-lampe qui ornait l'un des arceaux du grand cloître voûté qui régnait au rez-de-chaussée, au-dessous de la galerie; elle porte un écusson sculpté et colorié de gueules, au lion d'hermine; ce sont les armes de Chabannes la Palisse (1).

M. de Moyencourt possède à Luzières, près Conty (Somme), une des arcades qu'il n'avait pas encore reconstruite en 1852.

M. de Grasse a cédé des pierres sculptées à l'église de Formerie, près Feuquières, qui ont servi à l'ornementation de son portail.

M. Houbigaut a rendu à l'art et au département de l'Oise un véritable service en sauvant un charmant spécimen de l'architecture gracieuse et pittoresque du commencement du seizième siècle, exemples devenus bien rares depuis la destruction du château de Nantouillet et les dégradations du château d'Oyron, en Poitou, les seuls

____

(1) Journal de l'Oise du 27 mars 1847.

à notre connaissance, qui aient quelque rapport avec celui de Sarcus (1).

Il ne reste plus maintenant, du château de Sarcus, que ses cryptes et ses fondations sur lesquelles se tient encore debout le débris de l'une de ses arcades, comme pour rappeler le souvenir du lieu qu'il occupait.

M. Boulnois, possesseur actuel du terrain, a fait bâtir sa demeure dans la cour même du château qu'il avait vendu (2).

ADDITIONS ET CORRECTIONS.

———

(**V.** p. 5) Si Geoffroy de Sarcus, né vers 1115, a vécu jusque vers 1205 (90 ans), il ne serait pas étonnant que Pierre, son 2e fils, et probablement son aîné, en 1205, eût, quoiqu'en succédant à la seigneurie de Sarcus, conservé sa brisure s'il avait scellé de nombreux actes avec le même sceau. Il a pu aussi ne succéder qu'en 1207, et n'avoir pas encore eu le temps, en 1208, de faire faire un nouveau sceau. Si, au contraire, l'acte est de Pierre II, pourquoi la brisure? Il avait succédé à son père, puisqu'il se qualifiait seigneur de Sarcus. Il lui eût suffi pour sceller de prendre le sceau plein de son père, puisqu'il portait aussi le nom de *Pierre* ; c'est-à-dire, que le même nom se trouvait sur les deux banderolles? Il n'aurait pas eu besoin de faire graver un sceau sans brisure, le fils de Geoffroy, au contraire, ne pouvait se servir du sceau de son père, et bien certainement il brisait d'un lambel.

(Note de Lainé.)

(*b*) Le *Dictionnaire universel-géographique-historique de Corneille, de l'académie française et de celle des inscriptions et médailles*, t. 3, p. 192, 1708, dit que les évêques du Puy avaient aussi le droit de battre monnaie.

Ils avaient, comme les archevêques, le droit de porter le pallium. (Dict. des Gaules et de la France, par l'abbé Espilly, t. 5, p. 1019.)

Deux actes, l'un de 1560, signé : *Jean de Carvoisin, seigneur d'Achy et de Songeons*, l'autre du 11 juillet 1569,
signé : *Tiercelin de Brosses*, donnent le titre de comte Du
Vellay à François de Sarcus, évêque du Puy.

(Extrait des preuves de noblesse de Marie-Louise Tiercelin
pour Saint-Cyr.) (Arch. de Merlemont.)

(*c*) Le marquis de Brosses de Picardie porte : d'azur à trois
brosses d'or, à la bordure de gueules et d'argent.

(Wilson de la Colombière, science héroïque, 1669.)

Les brosses sur fond d'azur font partie des armes de Bretagne.
Ils s'étaient alliés avec les Pisseleu-d'Heilly par le mariage de la
duchesse d'Étampes avec un de Brosses. Peut-être sont-ce des
descendants des de Brosses qui portaient ces armes? Seulement
il y avait alliance avec les de Brosses de Sarcus.

Les brosses sur fond d'azur étaient représentées sur des bla-
sons existants dans les voûtes du château de Sarcus, et l'écusson des armes de Henri Tiercelin est sculpté sur la pierre tombale, écartelé aux 2 et 3 des armes des de Brosses ci-dessus.

On voit que les Tiercelin n'ayant pris le nom de de Brosses
que pour distinguer leur branche de celle de la Roche du Maine,
n'avaient pas droit aux armes des de Brosses auxquels ils étaient
alliés par les femmes.

La famille Tiercelin provenait d'un cadet des comtes de
Toulouse qui avait pris le nom de Tiercelin comme sobriquet
(*en patois languedocien signifiant le 3e*) et pour distinguer sa
branche et avoir des armes parlantes. (La Morlière, p. 150.)

Jean Tiercelin avait épousé Catherine du Bellay, fille du
seigneur du Bellay, roi d'Ivetot, et comptait parmi ses ancêtres
une fille du comte de Dreux, provenue de Louis le Gros.

Pendant la captivité du roi François Ier, la reine-mère, prenant en dégoût sa nouvelle habitation des Tuileries, la concéda
avec le jardin, par lettres patentes du 23 septembre 1527, sa

vie durant, à Jean Tiercelin, seigneur de Brosses, gouverneur de Louis d'Orléans, depuis Louis XII, et gouverneur pour Louis XI du château de Plessis-les-Tours.

(*d*) Barbe-Ronault était sœur de la femme de Guillaume du Bellay qui a écrit une partie des mémoires du Bellay.

Il eut de ce mariage entr'autres enfants :

1° Anne Tiercelin, seigneur de Brosses, décédé au château de Sarcus, en 1589, d'une blessure qu'il reçut au siège de Boulogne, où il commandait cent chevaux-légers.

Il n'eut pas d'enfants de son mariage avec Jacqueline d'O.

2° Charles Tiercelin, seigneur de Saveuse, né en 1569, mort d'une blessure qu'il reçut à la cuisse au combat de Bonneval, en 1589 *.

Marguerite d'Audenfort, sa veuve, fit hommage de la terre de Sarcus, au nom de ses enfants, au comte de Clermont, le 26 juillet 1602.

(*e*) Il restait des branches collatérales ; M. Dubois, conservateur des antiquités du musée royal du Louvre, a épousé une de ces Tiercelin collatéraux.

Le comte Tiercelin Collatrye, colonel d'infanterie, dernier descendant de cette famille, est mort le 30 juillet 1833.

(*f*) La maison de Grasse, l'une des plus anciennes de la Provence dont elle est originaire, prouve authentiquement sa filia-

---

* Le roi Henri III l'envoya en ôtage en Allemagne, encore jeune d'âge, l'an 1576 ; puis, au retour, le fit gentilhomme de sa chambre et capitaine de cinquante hommes d'armes de ses ordonnances, gouverneur quant et quant des villes et château de Doullens, etc. (Recueil des illustres maisons de Picardie, p. 158 ; par La Morlière.)

Note de M. Dusevel.

tion depuis Rodoart, prince d'Antibes, qui avait épousé, vers 960, la fille de Guillaume, comte de Provence.

Guillaume et Fulco de Grasse, petit-fils de Rodoart, allèrent à la première croisale, y furent faits prisonniers par les Sarrasins et rachetés par les moines de l'abbaye de Lorins à laquelle leurs ancêtres avaient fait des dons considérables.

Ils figurent au musée de Versailles.

Cette maison a eu, dans différents siècles, des officiers généraux, des maréchaux de camp, des généraux de galère, des maréchaux de Sicile des capitaines de vaisseaux, des amiraux et chefs d'escadre, des gouverneurs de places, des ambassadeurs, des chevaliers du Temple, des chevaliers de St Jean de Jérusalem au nombre de plus de cinquante; enfin elle a donné à l'église cinq évêques d'Antibes, deux à celle de Grasse, et un à celles de Valence et d'Angers.

Depuis le mariage de Claude de Grasse avec Marthe de Foix, en 1535, la famille de Grasse se trouvant alliée aux maisons royales de France, de Navarre, d'Arragon et de Sicile, a écartelé ses armes: au 1er contre écartelé de Foix et de Béarn, au 2e de Navarre, au 3e du sautoir d'Arragon et de Sicile, au 4e de France à la bande composée d'argent et de gueules qui est d'Evreux. et sur le tout de Grasse.

Étienne de Grasse s'était fixé en Picardie, en 1708, après son mariage avec Louise d'Hallencourt, dame de Limermont; il eut vingt enfants.

(g) Il est dit dans l'Hist. civile, ecclésiastique et littéraire du doyenné de *Grandviller**, par l'abbé d'Aire, de l'académie de Rouen, que le château de Sarcus fut rebâti, en 1523, par

* Amiens, chez J.-B. Caron l'aîné, libraire-imprimeur du roi, à . Paris, chez Onfroy, libraire, quai des Augustins, à Arras, chez Topino, libraire, 1784.

Jean de Sarcus, que Louis XIV y dîna, que le château avait des fossés et de belles avenues.

Voici comment M. de Cambry parle du château de Sarcus dans l'ouvrage intitulé : *Description du départem. de l'Oise** : « Outre les arcades de face s'élèvent des piliers de forme gothique, du travail le plus fini, le mieux filé, le plus élégant, le plus léger. Rien n'égale la variété des fleurs enlacées, des vases, des capricornes, des dragons, des oiseaux, des mascarons, des cariatides, des dauphins, de toutes les bizarreries qui décorent cette riche façade. Les arcades ont 12 pieds d'élévation sur 11 pieds de largeur. Sur ces arcades et ces piliers pose un corps de bâtiment moderne dont les distributions sont nobles et belles. » (T. 1er, p. 90-91.)

Cet écrivain exact dans la description d'un monument qu'il avait sous les yeux, et dont il a lui-même fait graver quelques fragments (p. 12 de son *atlas*) reproduits dans les *Monuments français inédits*, est tombé dans les erreurs les plus graves pour les faits historiques qu'il rapporte. Ainsi il dit (t. 1er, p. 80) : « *Sarcus* s'appelait autrefois *la Vieuville* ; il perdit ce nom sous François Ier qui le fit rétablir et fortifier. Il l'érigea en marquisat pour Jean de Sarcus, son chambellan, en 1522. » (Et p. 90) : « Ce château (le château de Sarcus), construit en 1522, fut donné par François Ier à mademoiselle de Sarcus qu'il aimait. »

Il y a autant d'erreurs que de mots dans ces deux passages. Ce qu'on appelait vulgairement la *Vieuville* était le *vieux Sarcus*. La terre et le château dont parle M. de Cambry, n'ont jamais eu d'autre nom que celui de *Sarcus*, ce que prouvent nombre de chartes. Dans celles de 1164 et 1170, relatives à la

---

* Ouvrage que Villemin, Hugo et autres ont copié sans examen, ainsi que Dulaure dans son Hist. phil. civile et morale des environs de Paris, in-8°. Paris. 1826, t. 4, p. 70.

donation faite par Geoffroy Ier de Sarcus, du moulin de Crevecœur à l'abbaye de Sélincourt, il est dit : « *Et qualem bladium* * *famuli eorum recipient, talem fratres ad Anieres et
ad Sarcus curabunt.* » La charte de la veille des ides de décembre 1208 porte fondation par Pierre Ier de Sarcus d'une
chapellenie au *vieux Sarcus*, chapellenie qu'il dota de la dîme
du terroir de Sarcus ; enfin le roi Charles VIII, par lettres patentes données à Evreux au mois de mai 1484, voulant récom-
penser les services de François de Sarcus, chevalier, *seigneur
du dit lieu*, lui accorda, pour les manants et habitants *de la
dite ville de Sarcus*, la continuation du marché et la création
de deux foires.

L'érection de Sarcus en marquisat est un fait dont on ne
trouve nulle trace dans les titres de la famille **.

Quant au château de Sarcus, il existait bien antérieurement
à 1522 ; et s'il fut *rétabli*, comme l'avait dit, p. 80, M. de
Cambry, ce ne *fut* point par François Ier, mais bien par Jean
de Sarcus, à qui ce château était venu de ses ancêtres par une
transmission non interrompue de plusieurs siècles, et qui passa
à sa mort (1537) à son fils François de Sarcus, évêque du Puy,
possesseur de ce château jusqu'à son décès en 1557, c'est-à-
dire, dix ans après la mort de François Ier. Ce monarque, à qui le
château de Sarcus n'avait jamais appartenu ni à ses prédéces-
seurs à aucun titre, qui paraît même n'y avoir jamais passé, si
l'on peut s'en rapporter à l'exactitude de son *itinéraire*, im-
primé dans les *pièces fugitives* du marquis d'Aubais, n'a donc

---

* Bladium pour Bladum, blé. Au moyen-âge ce mot désignait
génériquement le froment, le seigle, l'orge et l'avoine.

** Ce fut François Tiercelin qui le premier porta le titre de
marquis de Sarcus vers 1628. Louis François de Sarcus le porta également vers 1760 ; mais alors la terre de Sarcus n'appartenait plus à
sa famille.

pu le donner à une demoiselle de Sarcus ; et ce n'est pas sur
la foi d'une telle fable qu'il serait possible d'assigner à la fille de
Jean de Sarcus le titre que lui suppose gratuitement l'écrivain
que nous refutons, lorsque, indépendamment de ces faits sans
replique, tous les historiens des maîtresses de nos rois gardent
un silence absolu sur cette prétendue liaison de François Ier
avec une demoiselle de Sarcus, quoique la construction et la
donation d'un château dût la rendre assez notoire. Évidemment, M. de Cambry, par une confusion trop fréquente dans
son ouvrage, aura pris pour une demoiselle de Sarcus la duchesse d'Étampes (Anne de Pisseleu), cousine germaine de Jean
de Sarcus par Marguerite de Pisseleu, mère de ce dernier,
mais à laquelle le château de Sarcus était tout-à-fait étranger*.

Peut-être même encore les salamandres qui ornaient cet édifice ont-elles pu faire croire à M. de Cambry qu'il avait été
construit par les ordres de François Ier **.

Nous avons cru devoir signaler ici ces assertions erronées,

---

* Anne de Pisseleu, duchesse d'Etampes, née en 1509, avait donc
13 ans lors de la restauration du château de Sarcus. François Ier
ne l'a connue qu'à son retour de Madrid, en 1526.

** M. de Caumont a fait voir, dans son *Cours d'Antiquités mo-
numentales* (1831), que les salamandres étaient parfois employées
dans les édifices particuliers.

« Parmi les animaux qui ornent parfois les consoles, la salaman-
dre peut faire connaître les édifices élevés *du temps* de François I. »

A Amiens, il reste encore des édifices, non seulement publics,
comme l'ancienne porte de Montre-écu, enclavée dans la citadelle,
mais même particuliers, comme la montée ou l'escalier d'une maison située rue de Noyon, où l'on remarque des salamandres sculptées ; ce qui prouve que ce genre de décorations désigne plutôt
les monuments élevés du temps de François Ier, que les édifices con-
struits par ses soins ou aux frais de ce monarque.

parce que déjà elles ont été répétées sans examen et propagées dans les *Monuments français inédits*, publiés par M. Villemain, Paris, 1825, et dans *La France pittoresque*, tome 11, p. 300.

Au reste, ces mêmes erreurs ont été rélevées dans la *Statistique du canton de Grandvilliers*, par M. Graves.

(22) François Ier n'a porté la barbe qu'en 1521, après la blessure qu'il reçut à Romorantin ; il est coiffé d'une espèce de turban que la nature de sa blessure lui fit une nécessité de porter quelque temps.

(22) Les médaillons, rapprochés des portraits de François dauphin et de celui de son frère Henri, gravés par Thomas de Leu, prouvent que ces médaillons représentent bien les personnages désignés. Seulement il est impossible d'assigner à ces médaillons une date autre que 1536, c'est-à-dire, 13 ans, et plus peut-être, après la restauration commencée par Jean de Sarcus.

(26) Le château de Nantouillet, près Juilly, est de la même époque que celui de Sarcus. Aujourd'hui il n'est plus qu'une ferme. Il n'a jamais eu la magnificence de celui de Sarcus. Comme à Sarcus, c'était une restauration sur un château féodal du moyen âge, mais restauration bien moins complète pour approprier ce château aux besoins des habitations des seigneurs du 16e siècle qui commençaient à abandonner leurs donjons obscurs pour de grands appartements, comme ils en voyaient lorsqu'ils allaient à la cour des rois.

On avait percé les anciens murs de la forteresse de grandes croisées à *menaux*, mais sans ordre et sans symétrie, et on avait orné ces croisées de nombreuses sculptures. Du côté du jardin on avait ajouté en saillie une petite construction toute nouvelle des plus élégantes; c'est un perron couvert d'un porche qui supporte une petite chapelle. Dans sa nouveauté, cette construction devait être un petit bijou.

Il est impossible de ne pas reconnaître dans les sculptures de Nantouillet les mêmes mains que celles qui ont exécuté Sarcus ; même style de dessin, même faire, détails semblables, et de plus, sous la voûte, mêmes salamandres. Cette restauration a été faite, comme celle de Sarcus, par la munificence de François Ier et par la main de ses *maîtres des œuvres des bâtimens*. Ce qui reste de sculptures est dans l'état le plus déplorable.

(26) Le château d'Oyron, situé en Poitou, bâti par François Ier pour l'amiral Bonnivet, appartient actuellement à M. Fournier, qui a pris le nom d'Oyron. Ce château, où l'amiral fut enterré, a été dessiné par Chergé. Neuf arcades d'une des ailes sont construites dans le même style que celui de Sarcus ; chaque pilastre porte le chiffre de François Ier.

La construction du château d'Oyron et celle de plusieurs maisons d'Orléans indiquées dans les vieux titres comme construites par les *exécuteurs des œuvres de maçonnerie du roi et de ses deniers*, prouvent assez que François Ier récompensait quelquefois de la sorte les hommes qui lui avaient rendu d'éclatants services.

(27) **La première assise des fondations du château de Sarcus** était un mélange de marne et de mortier sur lequel s'élevaient de larges murailles construites en briques, ciment et cailloux ; Elles avaient 39 mètres 1/3 de longueur sur 25^m 2/3 de largeur, de dedans en dehors *.

(5) Tous les auteurs qui ont écrit sur la Picardie ont considéré

* Voir le plan géométrique.

la maison de Sarcus comme l'une des plus anciennes et des plus nobles de cette province.

Sarcus formait son principal domaine dès le milieu du onzième siècle. Le bourg actuel était autrefois une ville, et le château, séjour ordinaire de la famille, une forteresse.

A cette époque, la maison de Sarcus jouissait d'une haute existence en Picardie. Outre la terre et le château de Sarcus, celles de Mouy, de Songeons, de Feuquières et d'autres riches possessions dans les diocèses d'Amiens et de Beauvais l'égalaient aux premières du pays. Son nom, souvent rappelé dans les chroniques pour des actes de piété ou des faits de chevalerie, avait traversé une suite de règnes en prenant une part honorable aux principaux événements. Adam de Sarcus, cadet d'une de ses branches, avait pris la croix pour la terre sainte en 1240 *. Dans la branche aînée, deux frères, Renauld et Jean de Sarcus, se croisèrent l'un pour la Palestine, l'autre pour la Hongrie contre le sultan Bajazet, en 1395 et 1396.

Admise de toute ancienneté dans l'ordre de St. Jean de Jérusalem, la maison de Sarcus y a donné plusieurs commandeurs et un grand-prieur de France en 1240 **. Enfin, avant et depuis la réédification du château de Sarcus, cette maison a rempli des emplois éminents à la cour et dans les armées des rois de France et des ducs de Bourgogne, et plusieurs de ses membres ont été revêtus des premières dignités du sacerdoce.

Il existe dans les premiers sceaux des seigneurs de Sarcus quelques différences qu'on remarque d'ailleurs dans les sceaux d'un grand nombre d'anciennes familles. Originairement ils

* Musée de Versailles.

** Hugues de Sarcus succéda dans cette dignité à Pierre de Beauffremont, en 1420, et eut pour successeur à sa mort, en 1446, Foucaud de Rochechouard.

portaient une croix, à laquelle Pierre II, seigneur de Sarcus,
en 1208, ajoutait un lambel du vivant de son père *. Plus tard
ils adoptèrent un sautoir cantonné de quatre merlettes, lequel
paraît sans interruption dans leurs sceaux depuis 1321. C'était
ou l'écu particulier de la terre de Sarcus ou l'une de ces substitutions d'armoiries si fréquentes dans les XII", XIII" et
XIV" siècles **.

Plusieurs branches de la maison de Sarcus s'étaient déjà
formées dès la fin du XI" siècle ou le commencement du XII".
L'aînée, outre la terre et le château de Sarcus, avait des fiefs
dans les châtellenies de Grandvilliers, de Crevecœur et de Poix,
et dans les comtés d'Amiens et d'Aumale. Une branche puînée
avait ses possessions dans le diocèse de Beauvais, en 1135.

Celle des seigneurs de Sarcus se subdivisa elle-même en
plusieurs rameaux. A l'extinction de la branche aînée, la terre
et le château de Sarcus étant passés dans la maison de Gourlay-
Monsures, puis peu de temps après, de celle-ci dans celle de
Tiercelin de Brosses, les plus anciens titres, tombés avec la
terre dans des mains étrangères, furent dispersés ou perdus.
Cette perte eût été irréparable, si les auteurs de cette famille
n'eussent laissé de nombreuses traces par leurs libéralités en-
vers les monastères, et par leur intervention continuelle dans
les affaires de leur province et le service de l'État. Outre ces
preuves historiques si précieuses pour les temps éloignés, les
branches cadettes en ont fait par titres, à diverses époques : au
conseil d'État ; devant les intendants de Picardie et de Nor-

---

* La brisure d'un fils aîné, du vivant de son père, était un lambel à 3 ou à 5 pendants.

** Ces substitutions d'armoiries ont eu quelquefois pour cause des
fraternités d'armes dans les temps de la chevalerie, mais plus souvent elles provenaient de la possession de plusieurs fiefs dans une
même famille.

mandie ; pour les admissions, soit dans l'ordre de St. Jean de
Jérusalem, soit aux pages ou à Saint-Cyr, soit en dernier lieu,
en 1784, d'après le rapport de M. Chérin, père, généalogiste
des ordres du roi, pour les ordres de Saint-Lazare et du Mont-
Carmel, et en 1785, pour les honneurs de la cour.

La filiation de la branche aînée de la maison de Sarcus est
suivie depuis Geoffroy, dont nous allons parler. (Se reporter à
la page 5.) (Extrait du tome **X** des Archives généal. et hist. de
la noblesse de France, par Lainé.)

(**P. 44.**) L'année commençait alors à Paques, à quelque date
que ce jour tombât ; elle n'a commencé au 1er janvier qu'en
1564, par ordonnance de Charles IX.

Pag.14. La note sur l'évêché du Puy est inexacte en plusieurs
points. D'abord c'est seulement depuis Léon **IX**, élu pape en 1049,
que cet évêché fut distrait de la juridiction de l'archévêché de
Bourges pour relever immédiatement de Rome ; mais il conti_
nua de dépendre de la province ecclésiastique de Bourges, *et à
y être soumise pour la police extérieure.* Ensuite on ne don-
nait le titre d'église métropolitaine qu'aux archevêchés, fussent-
ils *in partibus infidelium*, parce qu'ils avaient d'autres siéges
épiscopaux dans leur province et juridiction, et non à des sim-
ples évêchés, quoique relevant directement de Rome, puisque
ces évêchés n'avaient point d'évêques qui leur fussent infé-
rieurs en quoi que ce soit. (Note de Lainé.)

P. 14. François de Sarcus a dû conserver le titre et les
droits de seigneur de Sarcus jusqu'à sa mort et au moment du
mariage de sa nièce avec Adrien Tiercelin Ier, laisser ce neveu
par alliance auquel la seigneurie était assurée, l'évêque du Puy
étant dans l'impossibilité de se marier, continuer et terminer

le château de Sarcus, lui, François de Sarcus, qui était dans son évêché où nous le voyons très-occupé, et plus tard, bien vieux, ne pouvant s'en occuper lui-même et n'y ayant même pas d'intérêt. Voici ce qui m'a toujours fait penser que c'était Tiercelin, Adrien 1er du nom, qui avait terminé, c'est que les armes des de Brosses existaient à profusion dans les clés des voûtes et dans le fameux cabinet de la tour. Or, il me semble que François de Sarcus, sans oublier cette alliance qui existait depuis longtemps avant l'entrée d'Adrien Ier dans la famille, aurait été plus sobre de cette armoirie.

Mais alors, dites-vous, ce pourrait être Tiercelin, Adrien II? A l'époque où j'ai commencé mes travaux, j'y avais songé, arrêté comme vous par ce fait qu'Adrien Ier ne paraissait pas avoir été seigneur, François de Sarcus l'ayant été jusqu'à sa mort, arrivée après celle d'Adrien ; mais un fait matériel m'a obligé à penser autrement : les ornements sculptés qui entouraient les armoiries des Tiercelin de Brosses sont d'une époque fort antérieure à celle où Adrien II a été seigneur de Sarcus, après 1557. L'époque de la mort d'Adrien Ier, 1548, est le terme le plus éloigné qu'on puisse assigner à l'architecture de Sarcus et aux costumes des personnages représentés dans les médaillons et dans les armoiries des de Brosses qui n'ont pas pu être mises en aussi grand nombre avant l'entrée dans la famille de Tiercelin Adrien Ier.

J'aurais assigné une époque moins rapprochée à la terminaison de Sarcus et à l'exécution des médaillons.

J'ai lu dans le temps, avec beaucoup de soin, dans l'histoire des évêques du Puy, ce qui se rapporte à François de Sarcus, et il est facile de voir qu'il a peu quitté son diocèse où il a vécu beaucoup, et où il a été très-occupé. Or, il y a bien loin du Puy à Sarcus. On ne se passionne pas pour un lieu dont on est fort éloigné et où on ne réside pas. Nous n'avons aucun témoignage de l'amour des arts qu'aurait eu François de Sarcus qui n'avait pas vécu à la cour ou peu.

Quant à Jean de Sarcus, il a été très-occupé aux guerres de Picardie jusqu'à sa mort, et il y a des médaillons très-incontestables dont les portraits paraissent postérieurs à la mort de Jean de Sarcus.

Tiercelin, Adrien Ier, ainsi que l'attestent les emplois qu'il avait occupés, avait vécu à la cour et au milieu des artistes et de leurs œuvres, dont François Ier avait la passion.

Voici les motifs qui, dans le temps, m'ont fait assigner pour époque de la terminaison de Sarcus celle où Tiercelin, Adrien Ier, a fait partie de la famille par alliance.

Dans le texte concernant les médaillons, je ferai bien comprendre ce que je vous indique ici d'une façon assez obscure.

Vous me demandez pourquoi je pense que la portion de la cour du château de Sarcus a seule été terminée; c'est que conformément à la lithographie de la vue du château, faite avant sa démolition, dans cette partie seule on trouve les flèches qui s'élèvent jusqu'à l'entablement, témoignages que le même style de la renaissance existait du bas jusqu'en haut, tandis que dans les deux portions latérales, ces flèches n'existaient pas, ou n'existaient plus. Elles avaient pu exister avant la restauration opérée par M. de Grasse, et trop détériorée par le temps, et ne voulant pas les faire réparer dans le style, on les aura fait disparaître. C'est ce que je dis dans le texte des médaillons. Chez moi, le fait dont vous parlez, n'est avancé que comme une possibilité. (Note de M. Houbigaut.)

(14) Les principes de preuves de nobilité exigés pour les chanoines du chapitre de Brioude, l'un des plus célèbres de France, étaint de 16 quartiers, huit paternels et 8 maternels, c'est-à-dire de cinq générations de noblesse y compris le récipiendaire. C'était huit quartiers de plus que pour l'ordre de St-Jean de

Jérusalem, dont l'institution paraît avoir été une imitation de l'ancienne milice de Brioude. (Lainé. Arch. de la noblesse.)

(24) Le château de Sarcus était en grand renom au 17ᵉ siècle. Cette belle habitation avait été construite ou plutôt restaurée, disent quelques auteurs, par les soins de Jean de Sarcus, capitaine-général des légionnaires de Picardie, chambellan du roi, qui défendit Thérouenne contre les Anglais et contribua à faire lever le siége de Péronne aux impériaux, en 1536. Suivant une tradition recueillie par Cambry, dans sa description du département de l'Oise, cette restauration due à François Iᵉʳ, serait une preuve de l'amour de ce prince pour Bonne de Sarcus, fille de Jean. Cette tradition ne s'appuie sur aucune preuve ; mais le sentiment qu'elle renferme de l'amour de l'art, allié à la galanterie, ces deux traits principaux de la physionomie du roi chevalier, fait que nous aimons à l'accueillir ; d'autres écrivains pensent que le roi fit reconstruire le château de Sarcus pour son chambellan qui, comme vaillant capitaine et comme proche parent de la duchesse d'Étampes, avait un double titre à la faveur royale. Ce genre de récompense plaisait, entre tous, au monarque qui, secondé par tant d'artistes éminents, organisait partout des compagnies de constructeurs et couvrait le sol de la France d'édifices ravissants. C'est ainsi qu'il avait fait bâtir le château de Bonnivet pour l'amiral, son favori.

Comme nous l'avons déjà dit, nous retrouvons à Orléans, sur les bords de la Loire, en Touraine, en Poitou, à Paris, des monuments qui attestent plus complétement encore que le château de Sarcus, le génie de ce grand siècle de la renaissance auquel la France doit sa véritable architecture nationale.

Louis XIII logea dans le château de Sarcus en 1636, et Louis XIV y séjourna quelques jours, lorsqu'il se rendait en Flandre, en 1673.

(18) Au siècle suivant, la marquise de Pons, descendue de la maison de Sarcus par les femmes, n'ayant pas d'enfants, fit don

de ce château au marquis de Grasse, maréchal de camp, neveu de l'amiral du même nom. Mis en vente par le dernier marquis de Grasse, en 1833, le château de Sarcus a été détruit par des spéculateurs.

A l'époque de sa démolition, ce monument remarquable présentait trois caractères d'architectures distinctes. L'enceinte extérieure, flanquée de quatre grosses tours rondes très-élevées, paraissait remonter à une date assez reculée du moyen-âge. Peut-être était-ce l'ouvrage de Regnault de Sarcus, qui vivait de 1171 à 1184, et qui est connu dans l'histoire de Picardie pour avoir pris part à l'expédition de Dreux, évêque de Beauvais, contre les Albigeois.

La restauration faite au 16ᵉ siècle, sous Jean de Sarcus, comprenait le rez-de-chaussée et le premier étage du bâtiment intérieur qui était soutenu par 22 arcades élégantes et décorées d'arabesques et de sculptures d'une belle exécution. Cette partie de l'édifice portait la date de 1523, inscrite sur la clef de voûte de l'une des arcades. On y voyait aussi gravé dans la pierre les armoiries de la maison de Sarcus : de gueules au sautoir d'argent, accompagné de quatre merlettes du même.

(22) Dans la frise placée au-dessous des croisées du 1ᵉʳ étage, des médaillons offraient les bustes de douze personnages historiques, dont huit seulement ont pu être reconnus ; ce sont les portraits de François Iᵉʳ, du dauphin, mort en 1536, du duc d'Orléans, depuis Henri II, de Marguerite, reine de Navarre, de Bonne de Sarcus, ou peut-être de la duchesse d'Etampes, du *Maréchal de Chabannes de la Palisse* et de François de Sarcus, évêque du Puy. La chapelle construite entièrement à la même époque, n'était pas moins digne d'attention par la richesse et la variété de ses ornements. On y remarquait surtout un bas-relief. peint et doré à la manière du temps, représentant le père éternel, coiffé de la tiare et entouré de figures d'anges.

L'étage supérieur du château avait été construit sous Louis XV, ainsi qu'une galerie décorée de tableaux.

Les restes les plus intéressants du château de Sarcus ont été conservés par M. Houbigaut, qui a composé de ces précieux débris la façade de son habitation à Nogent-les-Vierges près Creil *.

(17)Plusieurs pierres tumulaires du marquis de Sarcus existent dans l'église du village qui tenait au château de Sarcus. (Extrait de la 2ᵉ partie du 3ᵉ volume Picardie-Taylor.)

(14) On trouve un tableau chronologique des souverains qui étendirent leur domination sur le Vélay, et des évêques qui furent appelés à le régir. (*Hist. du Vélay*, par J. et M. Armand, D. M. M. le Puy, 1816.)

Sous François Iᵉʳ, fils de Charles d'Orléans, comte d'Angoulême 1515 à 1547, et sous Henri II, fils de François Iᵉʳ, 1547 à 1559, furent évêques du Puy et comtes du Vélay :

Antoine de Chabannes, 1514 à 1535.

François de Sarcus, 1536 à 1557 (Il avait pour suffragant l'évêque *in partibus*, Christophe d'Alzon.

Martin du Baune, 1557.

Antoine II de Senecterre, 1561 à 1593.

L'union du comté du Vélay au domaine épiscopal du Puy avait eu lieu en 1167. (Loire Hist., p. 65, *id.* p. 38, 3ᵉ livr.)

On lit à la même histoire, tome premier, p. 290 :

« Antoine de Chabannes étant mort au mois de septembre 1536, François de Sarcus lui succéda. Ce nouveau prélat a eu pour vicaire-général et suffragant Christophe d'Alzon, chanoine du Puy et évêque (*in partibus*) de Troyes. »

* C'est à M. Houbigaut que nous devons la communication du plan et de plusieurs dessins du château de Sarcus. M. Frédéric Villatte d'Achux, d'Amiens nous a fourni un ancien dessin du même édifice. (Voy. pitt. dans l'anc. Picard., t. 5).

Extrait du livre intitulé :

Discours historique de la très-ancienne dévotion à notre dame du Puy ou du Puy notre dame, ensemble plusieurs belles remarques tant des divers évêques du Vélay que d'autres choses ecclésiastiques et séculières par R. P. Odo de Gissey, de la compagnie de Jésus. Petit in-12, édit. 2ᵉ, à Tolose, par Raymond Colomiez, 1627. (Oddo. Le Puy, 1664.)

Livre III, chap. XL, page 621—622.

François de Sercus, évêque du Puy, divers événements et miracles.

Chap. XL.

Je lis que messire François de Sercus, ou, comme l'appellent ceux du Bourbonnais, de Sarcus (duquel lieu il était seigneur et natif du même pays, quoique M. Robert le *Face* Picard) portait la mître du Puy, dès l'an 1536. Sous Paul III, pape de la maison de Farnèse, duquel Sercus je n'ai pas eu grands mémoires, fors des statuts qu'il a donnés pour les prêtres de son diocèse, les avertissant en l'épître liminaire qu'ils ne devaient trouver étrange s'il ne leur prescrivait de nouveaux statuts, puisque tous les jours l'on voyait naître de nouveaux vices parmi les hommes, pour lesquels extirper il était besoin de nouvelles ordonnances portant en ces statuts, après avoir *premis* quelques chapitres de l'office d'un évêque de la dignité des prêtres, un sommaire de la doctrine des sacrements, il prescrit la façon de les administrer et la manière de vivre en vertueux ecclésiastiques, les cas qu'il se réserve, le devoir des pères de famille ; il prohibe les tavernes, les jeux et les brelans, les ventes qui se pratiquaient les jours de fêtes et autres choses qui font paraître le soin qu'il avait des âmes à lui commises, et non sans cause ; car ce fut au commencement de son épiscopat que le luthérianisme se fourrait partout impudemment, ou à tout le moins il se glissait secrètement, de sorte que les advents de l'an 1538 et le carême suivant,un certain prêtre Picard prêchait au Puy le matin, et les après-dîné expliquait les épîtres de St. Paul, entremêlant diverses propositions hérétiques, à raison de quoi il fut cité à la cour de l'évêque, et de là conduit à Tolose où il mourut en prison avant que la cour eût prononcé arrêt contre. Plusieurs ensuite de cela, infectés du venin de Luther, furent aussi adjournés, à Tolose.

Ceci fait, je reviendrai au miracle de Notre Dame.

François Ier du nom, roi de France, étant allé à Dieu, l'an 1547 le 31 mars à Rambouillet, Henri II, son fils, successeur de la couronne, écrivit à l'évêque du Puy, François de Sarcus, à ce qu'on y fît les obsèques pour le roi, son père, en son vivant, très dévot de Notre Dame, etc.

(13) Dès 1512, Dubellay indique Jean de Sarcus comme capitaine de 1000 hommes de pied (légionnaires de Picardie) avec lesquels il s'enferme dans Thérouenne pour défendre cette ville contre les Anglais, conjointement avec le seigneur d'Heilly *.

Mais, en 1536, au grand contentement du duc de Vendôme, dit le même auteur, il partit de Ham, à minuit, avec 1000 hommes de pied qu'il avait à sa charge particulière de la légion de Picardie, dont il était capitaine général (ce sont ses mots), et passant à travers les villages encore fumants des incendies que l'armée de l'empereur y avait mis, se jeta dans Péronne le jour qu'elle fut assiégée par le comte de Nassau. Le siége fut alors levé à la confusion des impérialistes.

Le roi lui donna le gouvernement de Hesdin, dont il avait rendu bon compte. Ce dit encore Dubellay, avec 50 hommes

---

* En 1513, Louis XII ayant donné le commandement de l'armée destinée à défendre la Picardie au jeune duc de Valois (François I), avec défense de livrer bataille, et ordre de se tenir sur la défensive, Thérouenne fut prise et brûlée par les Anglais et les Impériaux. (Hist. de François I, par Gaillard, t. 1, p. 28.)

d'armes sans les 1000 hommes légionnaires qu'il avait de long-temps.

Acte de foi, hommage et relief de la terre de Sarcus pour ce qui est sous Clermont de la Châtellenie de Milly.

(18) L'an 1757, 5 juin, par devant Delarue, avocat au parlement, Bailly du duché pairie de Boufflers, etc.

Fondé de la procuration de messire Louis-Henri de Pont, marquis de Pont, de Brosses et de Sarcus, baron d'Oudane, etc., et de dame Angélique-Henriette-Marie de Tiercelin, marquise de Brosse et du dit Sarcus, ladite procuration passée devant Me Hanique et son confrère, etc., nous a dit qu'il comparaît cejourd'huy, devant nous, pour faire et porter au dit nom, au lieu dudit seigneur, marquis de Pont, en foi et hommage et serment de fidélité que le dit seigneur marquis de Pont est tenu de faire à monseigneur le duc de Boufflers, pair de France, à cause de la Châtellenie de Milly de ladite terre et seigneurie et marquisat de Sarcus, circonstance et dépendance pour ce qui releve de la Châtellenie de Milly, entrée dans l'étendue du baillage et comté de Clermont, échue à ladite dame, marquise de Pont, pour la succession de messire de Tiercelin, marquis de Brosses, son père qui était douairière universelle de messire Henri de Tiercelin, marquis de Brosses, son père, etc.

(18) Donation de la terre de Sarcus par actes du 13 juin 1763.

Par devant les conseillers du roi, notaires à Paris, soussignés fut présente très haute et très puissante dame Angélique-Henriette-Marie de Tiercelin de Brosse, marquise de Sarcus, dame de Houdan en Braie, etc., épouse séparée quant aux biens de très haut et très puissant seigneur Louis-Henri de Pont d'Hostein, marquis de Pont, comte de Verdun-Louzac, etc., laquelle a par ces présentes donné par donation entre vifs pour simple et irrévocable, à très haut et très puissant seigneur François marquis de Grasse, des princes d'Antibes, capitaine au régiment des gardes françaises du roi, etc., la terre marquisale de Sarcus, composée de la terre de Sarcus, de Feuquières et fiefs en dépendant de la Châtellenie de Moliens, des terres et seigneuries de Pleuville, Broquiers, Haudicourt, Hescamps, Frettemolle, en partie, Brombos et du Bocquet et de tous les autres fiefs, biens et héritages en droits dépendant du dit marquisat de Sarcus, sans en rien excepter, etc., en qualité de simple et unique héritière de feu très haut et très puissant seigneur Henri-François de Tiercelin, son père, marquis de Brosses, maréchal de camp d'un régiment d'infanterie, ainsi qu'il est porté en son contrat de mariage, etc.

Fondation de la chapellenie du Vieux Sarcus.

Ricardus, Dei gratia, Ambianensis episcopus, omnibus ad quos littere iste pervenerint, salutem in Domino noverit universitas vestra, quod Petrus, miles et dominus de Sarcus, in nostra presentia constitutus, proposuit coram nobis quod, pro sue et omnium amicorum suorum remedio, instituere intendebat quandam capellaniam in veteri villa de Sarcus, si ad hoc noster inclinaretur assensus. Nos autem pium ejus propositum considerantes de radice caritatis exortum, et illud in Domino commendantes, petitioni ipsius duximus non deesse, sed celeriter effectui mancipavimus quod petebat, ne frigescere videretur caritas ociosa. Quia igitur bovi trituranti non debet os alligari, idem Petrus capellano in predicto loco ministraturo decimam omnium reddituum pertinentium ad villam de Sarcus assignavit et concessit ; videlicet decimam totius terragii de Sarcus, sive sit in proprio territorio de Sarcus, sive in parte quam habet in territorio de Oursummaisnil, sive in parte quam possidet in Huhegnies ; item decimam traversi, furni, molendini ; decimam censualium nummorum, avene, panum, caponum, insuper et decimam venditionum, singulis annis ob eodem capellano recipiendam et habendam. Præterea et masuram jam dicto capellano donavit ab omni censu liberam, sibi

retinens et heredibus suis in perpetuum jus patronatus capellanie memorate. Sed hec conditio intervenit, quod si ille quem
nobis aut successoribus nostris ipse aut heredes sui presentave-
rint non fuerit in sacerdotem promotus, nihil prorsus recipiet
de redditibus capellanie memorate concessis, donec provectus
fuerit ad sacerdotii gradum; sed interim redditus supradicti con-
cedentur habendi alicui presbitero, de assensu nostro vel successo-
rum nostrorum, qui possit deservire capellanie memorate, donec
ille cui assignata fuerit valeat in sacerdotali ordine ministrare ;
et si quid post necessaria vicario ministrata residuum fuerit,
debet legitime conservari restituendum loco et tempore ordi-
nato ad illius capellanie titulum sacerdoti. Et adjecit prefatus
Petrus quod si aliquando ipse aut heredes sui redditus suos
de Sarcus baillivis assignarent, illi baillivi tenerentur corpora-
liter juramentum præstare capellano capellanie sepedicte,
quod sine aliqua diminutione et dolo integre solverent eidem
et facerent exsolvi decimam memoratam. Condictum est etiam
quod quicumque sit sacerdos qui deserviat capellanie sepedicte,
ipse tenebitur sub stola jurare et fidelitatem facere parrochiali
de Sarcus sacerdoti, quod jus ejusdem per omnia conservabit,
et restituet eidem omniaque parrochiale beneficium tangere
videbuntur, que videlicet in manum ejus venerunt, aut in ca-
pella veteris ville a fidelibus deportata fuerunt et oblata. Ut
igitur hec omnia possint firmitatem debitam obtinere, modum
institutionis predicte et conventiones pro ea habitas et tractatas
presenti pagine duximus inserendas, pontificali auctoritate que
acta sunt confirmantes, et anathemate innodantes omnes illos
qui de cetero capellaniam predictam, et capellanum eidem at-
titulatum, irrationabiliter inquietare presumpserint. Quod autem dictus Petrus hec premissa ordinaverit et postulaverit ut
essent effectui mancipata, sigillum ejus cum nostro appensum
testificatur et confirmat. Actum anno verbi incarnati millesimo
ducentesimo octavo, pridie idus decembris.

Fondation de la Chapellenie du Vieux Sarcus.

Traduction.

Richard, par la grâce de Dieu, évêque dA'miens, à tous ceux
à qui ces lettres parviendront, salut dans le seigneur. Sachez
tous que Pierre, chevalier et seigneur de Sarcus, s'étant per-
sonnellement constitué en notre présence, a exposé que pour
le salut de son âme et de celle de tous ses amis, il se proposait
de fonder une chapellenie au Vieux Sarcus, si nous y donnions
notre consentement. Considérant que son pieux dessein a ses
racines dans la charité même, et y applaudissant dans le Seigneur, nous avons jugé convenable de ne pas faire défant à sa
demande, mais de la mettre promptement à exécution, afin
qn'une charité oisive ne vienne pas à se refroidir. Or, comme
il ne convient pas de museler le bœuf qui rumine, ledit Pierre
a assigné et concédé au chapelain qui doit fonctionner audit
lieu la dîme de tous les revenus dépendants du lieu de Sarcus :
savoir, la dîme de toute la terre de Sarcus, que cette dîme repose sur le territoire même de Sarcus, ou sur les possessions
de Pierre, soit au territoire de Oursummaisnil, soit à Huhignies;
la dîme du droit de travers, celle du four et celle du moulin ;
la dîme des deniers censuels, de l'avoine, des pains, des cha-
pons, et en outre la dîme des ventes pour être possédée par le
dit chapelain qui en percevra tous les ans le produit. Il a donné,
de plus, audit chapelain, une maison exempte de toute espèce
de revenances, en se réservant à perpétuité pour lui-même et
pour ses héritiers le droit de patronage sur la susdite chapellenie. Toutefois une condition a été mise à ce don, c'est que si
celui que le donateur ou ses héritiers présenteront à nous ou à
nos successeurs, n'est pas encore promu à la prêtrise, il ne percevra, jusqu'à ce qu'il y ait été élevé, aucun des revenus attribués
à cette chapellenie ; dans cet intervalle ces revenus seront con-
cédés, sous notre approbation ou celle de nos successeurs, à

un prêtre qui puisse desservir la chapellenie jusqu'à ce que le titulaire soit en état de remplir lui-même les fonctions sacerdotales ; et si après qu'il aura été pourvu aux besoins du vicaire, il y a un excédant, cet excédant devra être fidèlement conservé pour être remis en temps et lieu au prêtre titulaire. Ledit Pierre a ajouté que si plus tard lui-même ou ses héritiers assignaient les revenus de Sarcus à leurs baillis, lesdits baillis seraient tenus de prêter, sur leur corps, au chapelain, le serment de lui payer et de lui faire payer la dîme précitée, intégralement, sans retenue et sans fraude. Il a été aussi stipulé que le prêtre, quel qu'il soit, qui desservira la chapellenie susmentionnée, serait tenu de jurer sur son étole, et de promettre sur sa foi au curé de la paroisse de Sarcus, de conserver en toutes choses les droits de ce dernier, et de lui remettre tout ce qui appartiendra au bénéfice paroissial, soit qu'il s'agisse d'objets qui se trouveront entre ses mains, soit qu'il s'agisse d'offrandes portées par les fidèles dans la chapelle du Vieux Sarcus, et pour que ces choses soient fermes et stables, nous avons fait insérer, dans la présente charte, les clauses de cette fondation et les conventions auxquelles elle a donné lieu, confirmant de notre autorité pontificale ce qui a été fait et frappant d'anathème tous ceux qui, à l'avenir, oseraient troubler injustement la susdite chapellenie et le chapelain qui y sera attaché. Le sceau de Pierre appendu avec le nôtre à cette charte, atteste que c'est lui qui a réglé tout ce qui précède, et qui en a demandé la mise à exécution.

Fait l'an de l'incarnation de Notre Seigneur mil deux cent huit, la veille des ides de décembre [1].

---

* Le généalogiste soussigné, éditeur des Archives de la Noblesse, certifie la présente charte de fondation de la chapellenie du vieux Sarcus, fidèlement extraite du Recueil de D. Grenier, historiographe de Picardie, recueil conservé parmi les manuscrits de la biblio-

Nogent-les-Vierges est un bourg d'un aspect fort animé, où l'on remarque le charmant castel de M. Houbigant, construit avec les débris de l'ancien château de Sarcus, riche spécimen de l'architecture de la renaissance, intéressante collection d'antiquités locales recueillies par M. Houbigant ; mérite d'être visitée. (Voyage pittoresq. dans l'anc. Picardie, t. 3.)

Une vue du château de Sarcus moderne, copiée d'après la lithographie de M. de Sarcus. (T. 2, p. 151. Picardie pittor.)

Une porte de Sarcus, dit-on, et un lion (parfaitement inexacts), d'après M. de Cambry et Villemain.

Un fragment de construction et la tour de la bibliothèque de Sarcus, d'après je ne sais qui. (C'est un bâtiment tout particulier, une espèce de clocher qui probablement n'a jamais existé). Plus loin des détails du château de Sarcus, dessinés d'après l'arrangement du portique de M. Houbigant ; mais augmentés et ajustés avec l'erreur des armoiries.

Huit médaillons bien indiqués (excepté celui de La Palisse) : François Ier, Éléonore d'Autriche, François dauphin, Henri, duc d'Orléans, Marguerite de Navarre, Bonne de Sarcus (d'après M. de Cambry, mais bien certainement la duchesse d'Étampes), François de Sarcus, évêque du Puy, le *maréchal de la Palisse.*

(Note de M. Houbigant, t 2, p. 152. Pic. pitt.

Hors de l'arrondissement de Senlis, à 10 lieues de Beauvais, est un village nommé *Sarcus,* qui tire son nom d'une belle fille aimée de François Ier. On y voyait un des plus beaux châteaux de France ; c'était, dit un historien qui en parle en témoin oculaire, une véritable merveille ; et je fus frappé, en

thèque impériale, 26e paquet, n° 3. On a comparé à cette charte, pour plus d'exactitude, une copie complète du même recueil, 28° paquet, liasse **2.**

Paris, le 20 février 1848.   **Lainé.**

l'apercevant, de la richesse et de l'inconcevable travail de la façade à larges cintres pleins qui se déployaient à mes regards; c'est, si j'ose me servir de cette expression, une façade de dentelles ; on ne voit dans aucune partie du monde un luxe de sculpture et d'arabesques élégantes, égal à celui que les amis de François Ier avaient prodigué pour lui plaire ! *Mlle de Sarcus est oubliée*, le château est démoli ; mais un ami des arts, M. Houbigant, en a acheté les débris qu'il a transportés à sa maison de campagne, à Nogent-les-Vierges, où ces curieux restes se voient encore. (Cet acte est signé : *Marie Aycard*. L'ouvrage publié avec luxe et par livraison est fort répandu.)

(Extrait d'un ouvrage intitulé : Les Environs de Paris, par l'élite de la littérature contemporaine, sous la direction de Ch. Nodier et de Louis Lurine, publié par Boizard et G. Kugelmann, édit. Un seul vol. avec beaucoup de vignettes sur bois.)

(V. page 8.) Les chevaliers bannerets étaient la première classe de chevaliers, ainsi nommés parce qu'ils avaient le droit de faire porter devant eux leur bannière particulière à la guerre. Ce titre n'appartenait qu'aux aînés des plus grandes maisons. Ensuite étaient les chevaliers bacheliers dont les cadets ne prenaient que la qualité d'écuyers. Les bacheliers ne paraissent dans l'histoire que commandant en second, et leur paye était moindre que celle des bannerets. Il y a à la Chambre des comptes des milliers de quittances qui en font foi.

Le titre de banneret n'est plus en usage en France ; mais les Anglais l'ont conservé.

(Hist. de Duguesclin, t. 1, p. 18.)

(P. 11.) Les hommes d'armes ont varié en divers temps.

Sous le roi Jean, chaque homme d'armes menait avec lui deux écuyers et deux coustilliers ; ensuite ils n'ont plns eu que trois hommes. Les cahiers des Etats généraux tenus à Blois en 1576 accordent au roi 3,000 hommes d'armes fesant 1200 chevaux. Les hommes d'armes devaient être tous gentilshommes.

> (Hist. de Duguesclin, par Guiard de Berville,
> t. ɪ, p. 170. 1755)

(P. 18). En 1756, Marie-Angélique-Henriette de Tiercelin, dame de Sarcus, Moliens, Feuquières, Hécamps, Haudicourt, Hodenc et Belloy , épouse de très-haut et très-puissant seigneur, Henri de Pons, fut marraine de la grosse cloche de l'église de Sarcus, bénite par M. J.-B. Trancourt, curé du lieu ; Monseig. Jacques de Grasse, évêque de Vence, étant le parrain.

FIN.

Paris. Impr. de Moquet, 92, r. de la Harpe.

ERRATA.

Page 9, ligne 12, il avait épousé vers 1324, n. lisez: 1358.

P. 13, ligne 2, le 9 novembre 1841, lisez 1481.

P. 13, ligne 19, tom. 5, p. 25, lisez page 23.

P. 13, ligne 28, Sercus et Senneval, lisez: Cercus et Sainseval.

P. 13, Dammartin. — Philippe de Boulainvilliers. — de la Marc. lisez: Dammartin Philippe de Boulainvilliers. —de la Marck.

P. 14, ligne p. 9. il comparut, en 1639, lisez : en 1539.

P. 16, ligne 3. qui était échue, lisez : qui lui était échue.

P. 16, ligne 4. femme du Bellay, lisez: femme de Guillaume du Bellay.

P. 20, ligne 16. M. Houbigaut, lisez: M. Houbigant.

P. 25, ligne 24. 8ᵐ, 398. par 573. lisez: (3ᵐ, 398.)

P. 25, ligne 26. des murs de la tour, lisez: de la tour, S. E.

P. 30, ligne 27. des villes et château, lisez : des ville et château.

P. 39, ligne 10. p. 44. lisez: p. 14.

P. 39, ligne 18. y être soumise, lisez: y être soumis.

P. 44, ligne 31. Villatte d'Acheu, lisez: Villette d'Acheu.

P. 50, ligne 25. de revenances, lisez : de redevances.

P. 52, ligne 21. (note de M. Houbigant) à supprimer.

P. 50, ligne 10. cet acte, lisez: cet art. est signé.

www.ingramcontent.com/pod-product-compliance
Lightning Source LLC
LaVergne TN
LVHW021817170726
843503LV00007B/3225